Género Ficción realista

I0800087

Pregunta esencial

¿Cómo usas tus talentos para ayudar a los demás?

Amigos generosos

Sabrina Herreros
ilustrado por Kristin Sorra

Capítulo 1
FLORES MULTICOLORES

La mamá de Connie es una experta jardinera. Siempre arregla su jardín con mucha alegría.

A Connie le gusta ayudar a su mamá. Juntas escarban la tierra, juntan las hojitas sueltas y riegan todos los días. El jardín de Connie es el más lindo del vecindario.

Las flores multicolores son las preferidas de Connie. La pequeña aprendió todo lo que su mamá le enseñó acerca de las flores.

También aprendió algunas cosas en la escuela. Con la maestra de tercer grado, hicieron germinar frijoles en recipientes de papel. Todos esperaron pacientemente y vieron cómo salían los brotes.

Un día, una señora se acercó a la casa de Connie.

—¡Buenos días! No quiero ser imprudente. Vine a presentarme. Yo soy la nueva inquilina de la casa de al lado.

—¡Buenos días! —dijo la mamá de Connie—. Mucho gusto en conocerla. Ella es mi hija Connie. Estaremos aquí para lo que usted necesite.

—¡Muchas gracias! —dijo la mujer—. Las felicito por el jardín. Me gusta mucho. Es el más bonito del vecindario. Algún día me gustaría tener un jardín así.

El jardín de la nueva vecina estaba abandonado. Debía trabajar mucho para arreglarlo. Connie le preguntó a su mamá si podían colaborar. Le gustaba mucho la idea de ayudar a los demás con sus conocimientos sobre jardines. Su mamá estuvo de acuerdo. Juntas colaborarían con la vecina para arreglar el descuidado jardín. La nueva vecina aceptó con una sonrisa.

A Connie le pareció que iban a entenderse muy bien.

AHORA COMPRUEBA

¿Qué le gustaba a la nueva vecina?

Capítulo 2

ÁRBOLES FRUTALES

Un día, Connie y su mamá fueron a la casa de sus abuelos. A Connie le gustaba visitarlos. Los quería mucho.

Ellos tenían un jardín muy grande lleno de árboles frutales. Había aguacates, naranjos, manzanos, perales y nogales. Además, el abuelo lo cuidaba mucho.

El abuelo pidió ayuda a su nietita para recolectar algunas frutas. Su abuela cocinaría un riquísimo pastel, pero necesitaba manzanas y nueces.

—¡Yo voy a ayudarte, abuelito!

Connie estaba encantada. En su jardín no había este tipo de plantas. Tampoco su vecina tenía árboles frutales.

Connie preguntaba y el abuelo aconsejaba:

—¿Yo puedo tener árboles frutales en mi jardín? —preguntó la niña.

—Si quieres tener árboles frutales, debes prestar atención. Las plagas son una amenaza, sobre todo cuando los árboles comienzan a dar frutos.

La niña le tenía mucha confianza a su abuelo. Igual que su mamá, sabía mucho de plantas.

—Voy a sujetar este ciruelo —explicó el abuelo.

—¿Por qué? —quiso saber Connie.

—Hay que ayudarlos cuando sus ramas están muy cargadas. Si logro que no se quiebre la rama, será mejor. Estos árboles sufren el exceso de peso. Las frutas se sacan antes para que los árboles no se lastimen.

Gracias a lo que aprendieron, Connie y su mamá luego ayudaron a la vecina a arreglar el jardín. La vecina quedó muy contenta porque entre las tres habían hecho un hermoso trabajo.

AHORA COMPRUEBA

¿Qué dice el abuelo de Connie acerca de los árboles frutales?

Capítulo 3
LOS JARDINEROS DEL VECINDARIO

Había llegado la primavera. También el cumpleaños de Connie. Ella cumplía nueve años. Su mamá organizó una fiesta sorpresa e invitó a los amigos de Connie.

Connie se emocionó mucho cuando sus amigos llegaron. Durante la fiesta, donde jugaron y se divirtieron mucho, Connie les contó a sus amigos todo lo que había aprendido sobre las plantas.

La mamá de Connie les contó a los niños que el abuelo debía arreglar y limpiar una porción de su terreno. Allí no había plantas ni flores. Solo iban unos gatos traviesos. Les propuso a los niños armar un jardín allí.

—¡Qué buena idea, mami! Vayamos mañana mismo a casa del abuelo —dijo Connie entusiasmada.

—Me parece perfecto. ¿Quiénes nos acompañarán? —preguntó la mamá de Connie a los niños—. También compré el libro *Niños jardineros* como ayuda.

Detective del lenguaje

¿Cómo está escrito el título del libro subrayado en esta página?

La fiesta siguió y los niños y las niñas dijeron que les gustaba mucho la idea de arreglar el jardín en el terreno del abuelo. Todos se comprometieron a ayudar con la tarea.

—¡Hacer un jardín es muy lindo, pero es muy trabajoso! —dijo la niña.

Entonces todos fueron al domicilio de los abuelos. La mamá de Connie les leía el libro para que aprendieran a cuidar el jardín. Y el abuelo también les enseñaba cosas nuevas.

Entre todos, organizaron la tarea. Tenían que conocer el suelo. Prepararlo y nutrirlo. Aprender más de raíces, tallos, hojas, flores y frutos. Todo tenía que estar en equilibrio. Ni mucho sol, ni mucha agua. Ni poco aire, ni poco viento. Los niños estaban aprendiendo mucho sobre jardines.

Detective del lenguaje ¿En qué tiempo está conjugado el verbo subrayado en esta página?

—Hay que tener en cuenta la ubicación. Me lo dijo mi abuelo —explicó Connie.

—Deben recibir luz del sol —aconsejó la madre.

—¡Las plantas necesitan vivir en lugares soleados y abiertos! ¡Plantaremos árboles frutales! —proponían sus amigos entusiasmados.

Al cabo de un tiempo, Connie y sus amigos se convirtieron en verdaderos jardineros. Ayudaban a todos los vecinos dando consejos útiles. Habían convertido esa porción de terreno del abuelo en un jardín lleno de plantas. ¡Qué gran logro! ¡Ahora podrían disfrutarlo y descansar!

Allí mismo organizaron una fiesta. El abuelo y la mamá de Connie prepararon las mesas. En unos minutos, todos los vecinos estaban reunidos en el jardín. Los padres de los niños llevaron pasteles exquisitos hechos con las frutas que cosecharon. Pero el más rico fue el pastel de manzanas con nueces que siempre hacía la abuela.

AHORA COMPRUEBA

¿Qué querían plantar Connie y sus amigos?

Respuesta a la lectura

Resumir

Usa detalles del cuento para resumir *Amigos generosos*. El organizador gráfico te servirá de ayuda.

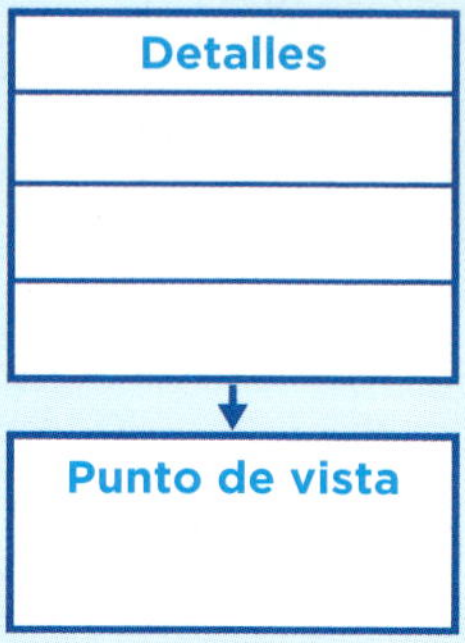

Evidencia en el texto

1. ¿Cómo sabes que *Amigos generosos* es un cuento de ficción realista? **Género**

2. En la página 7, ¿cómo se siente Connie cuando ayuda a su abuelo en el jardín? Usa ejemplos del texto en tu respuesta. **Punto de vista**

3. Usa lo que sabes sobre prefijos para hallar el significado de la palabra *descuidado* en la página 5. **Prefijos**

4. Escribe sobre cómo usó Connie sus talentos para ayudar a los demás. **Escribir sobre la lectura**

Género Ficción realista

Compara los textos

Lee sobre cómo Lila y sus amigos ayudan a una vecina.

Tesoro escondido

Un día, Lila jugaba a la pelota con Darío y Cruz en su patio. Cruz pateó la pelota. Esta voló por encima de la cerca de la vecina y Lila fue a buscarla.

—¿Perdiste tu pelota? —dijo la señora Pérez al responder a la puerta—. Tendrás que entrar y buscarla. El patio está lleno de maleza.

—Señora Pérez —dijo Lila—, nosotros vendremos y limpiaremos su patio.

El día siguiente, Martín y Lucía se encontraron con Lila, Darío y Cruz en la casa de la señora Pérez.

A Martín le encantaban las plantas. Incluso sabía los nombres. Si Lila no estaba segura, señalaba una planta y le preguntaba a Martín:

—¿Planta o maleza?

La señora Pérez se acercó a Lila.

—Seguro sabes que esa es maleza, Lila. Deshazte de ella —le dijo.

Lila miró la planta. Sí, tenía un aspecto desalineado y de maleza. Pero Martín dijo:

—Estoy seguro de que es una malva.

—¡Qué absurdo, Martín! ¡Es maleza! —dijo la señora Pérez—. Arráncala.

—Lila, confía en mí, esa será una planta hermosa. No la arranques —dijo Martín.

La señora Pérez se encogió de hombros y se fue.

Después de un tiempo, la señora Pérez vio a Lila. La invitó a su patio para agradecerle.

—¡Qué gran hazaña! —dijo la señora Pérez—. Me encanta mi jardín. Y tengo algo especial para mostrarte. ¿Recuerdas la maleza que Martín dijo que no debíamos arrancar?

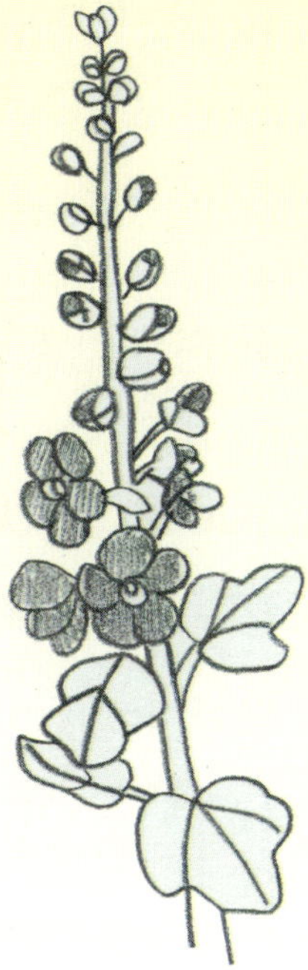

—Sí —dijo Lila.

—Por favor, discúlpame con Martín. ¡Mira esto!

Allí, en la parte trasera del jardín, había espigas altas cubiertas de flores: ¡malvas! Lila sacó su libreta de dibujos y comenzó a dibujarlas para mostrárselas a los demás.

Haz conexiones

¿Cómo usó Martín su conocimiento de las plantas para ayudar a la señora Pérez?

Pregunta esencial

¿Cómo podemos ayudar a los demás con nuestros talentos? Usa ejemplos de *Amigos generosos* y de *Tesoro escondido* para tu respuesta. **El texto y otros textos**

Enfoque: Género

Ficción realista Los cuentos de ficción realista suelen estar ambientados en el presente. Los personajes son realistas. Eso significa que son como las personas reales.

Lee y descubre *Amigos generosos* sucede en el presente y Connie, su familia y los demás personajes son realistas. ¿Qué sucesos del cuento podrían suceder en el mundo real?

Tu turno

Piensa en un problema que hayas enfrentado. Piensa en una destreza que tengas. Escribe un cuento sobre cómo resolver el problema como si fueras el personaje principal.